YUMMY !
Souriez,
vous cuisinez

SARAH CROSETTI

COOKIES à croquer

50 RECETTES DE LA STAR DES PETITS GÂTEAUX FAITS MAISON

MARABOUT

SOMMAIRE

Classique

20 cookies environ

Préparation
15 min

Repos
1 h

Cuisson
12 min

Ingrédients
100 g de noisettes
100 g de beurre demi-sel
50 g de sucre brun
100 g de cassonade
1 œuf
1 c. à c. d'extrait de vanille
180 g de farine T45
1 c. à c. de levure chimique
130 g de grosses pépites de chocolat

Matériel
Papier sulfurisé
1 saladier

- Torréfiez les noisettes : préchauffez le four à 170 °C. Étalez les noisettes sur une plaque de cuisson recouverte de papier sulfurisé et enfournez pour 10 à 15 minutes, pour que leur peau commence à craqueler. À la sortie du four, frictionnez-les avec un torchon pour enlever la peau et réservez-les.
- Préparez les cookies : dans un saladier, travaillez le beurre en pommade avec les sucres. Ajoutez l'œuf, l'extrait de vanille, la farine et la levure chimique. Incorporez ensuite les trois quarts du chocolat et les noisettes concassées.
- Formez des petites boules entre vos mains, puis réservez au réfrigérateur pendant 1 heure.
- Disposez les boules de cookies sur une plaque recouverte de papier sulfurisé, aplatissez-les légèrement et incorporez le reste des pépites de chocolat. Faites cuire pendant 10 à 12 minutes.

Le grand classique incontournable !

L'astuce Yummy

Les cookies doivent sortir avec le cœur encore mou, car ils vont continuer à cuire à la sortie du four.

Caramel à la fleur de sel

20 cookies environ

Préparation
15 min

Cuisson
15 min

Ingrédients
200 g de beurre doux
200 g de sucre roux
2 œufs
1 c. à c. d'extrait de vanille
280 g de farine T45
1 c. à c. de bicarbonate de soude
1 c. à c. de sel
150 g de pépites de caramel Dulcey®
20 petits caramels mous
Quelques pincées de fleur de sel

Matériel
1 saladier
Papier sulfurisé

- Préchauffez le four à 180 °C.
- Dans un saladier, battez ensemble le beurre et le sucre jusqu'à obtenir un mélange crémeux. Ajoutez les œufs et l'extrait de vanille, puis la farine, le bicarbonate de soude, le sel et les pépites de Dulcey®.
- Séparez la pâte en 20 petits morceaux puis, entre vos mains, faites des boules que vous aplatissez au milieu pour y insérer 1 petit caramel mou avant de refermer les cookies et de les placer sur une plaque à pâtisserie recouverte de papier sulfurisé.
- Parsemez d'un peu de fleur de sel, puis enfournez pendant 12 à 15 minutes en surveillant la cuisson.

L'association parfaite pour les papilles !

L'astuce Yummy

Lorsque les cookies sortent tout juste du four, ils sont encore mous et vous pouvez rectifier leur forme en un rond harmonieux avant qu'ils ne durcissent !

Triple choco

20 cookies environ

Préparation
15 min

Cuisson
10 min

Ingrédients
280 g de farine
75 g de cacao
1 c. à c. de bicarbonate de soude
1 c. à c. de fleur de sel
210 g de beurre doux
200 g de sucre brun
2 œufs
1 c. à c. d'extrait de vanille
120 g de pépites de chocolat au lait
120 g de pépites de chocolat noir à 70 %
120 g de pépites de chocolat blanc

Matériel
1 bol
1 grand saladier

- Dans un bol, mélangez la farine, le cacao, le bicarbonate et le sel.
- Dans un grand saladier, fouettez le sucre et le beurre pendant quelques minutes jusqu'à obtenir un mélange mousseux. Ajoutez les œufs, l'extrait de vanille et le mélange farine-cacao. Incorporez enfin les trois quarts des pépites de chocolat.
- Préchauffez le four à 180 °C. Divisez la pâte en 20 petites boules. Disposez-les sur une plaque à pâtisserie recouverte de papier sulfurisé en les espaçant un peu. Ajoutez le reste des pépites de chocolat.
- Faites-les cuire au four pendant 10 minutes, puis laissez-les refroidir quelques minutes.

100% choco
100% gourmand
Miam !

L'astuce Yummy

Si vous avez de la pâte à cookies en trop, vous pouvez la congeler en petites boules et les faire cuire directement quand bon vous semble en ajoutant quelques minutes de cuisson !

Banane-choco-cacahuètes

15 cookies environ

Préparation
15 min

Repos
30 min

Cuisson
10 min

Ingrédients
1 banane très mûre
90 g de beurre doux
50 g de yaourt
250 g de farine T45
60 g de sucre roux
1 c. à c. de levure chimique
½ c. à c. de sel
150 g de grosses pépites de chocolat au lait
100 g de cacahuètes concassées

Matériel
1 saladier
1 bol
Film alimentaire
Papier sulfurisé

- Dans un saladier, réduisez la banane en purée à la fourchette, puis ajoutez le beurre et le yaourt et fouettez bien.
- Dans un bol, mélangez la farine, le sucre, la levure chimique, le sel, les trois quarts des pépites de chocolat au lait et ajoutez les cacahuètes. Ajoutez le tout à la préparation précédente et mélangez rapidement sans trop travailler la pâte.
- Formez une boule et filmez-la. Laissez reposer la pâte pendant environ 30 minutes au réfrigérateur.
- Lorsque la pâte a assez reposé, préchauffez le four à 180 °C. Formez des boules de pâte d'environ 40 g.
- Sur une plaque à pâtisserie recouverte de papier sulfurisé, disposez les boules de pâte, aplatissez-les légèrement et déposez les pépites de chocolat restantes sur le dessus. Enfournez pour 10 minutes environ, puis laissez les cookies refroidir quelques minutes.

L'astuce Yummy

Utilisez une banane très mûre, avec quelques taches noires, pour qu'elle parfume et donne un maximum de goût aux cookies.

Spéculoos au riz soufflé

20 cookies environ

Préparation
10 min

Repos
1 h

Cuisson
7 min

Ingrédients
100 g de beurre demi-sel
60 g de sucre muscovado
60 g de sucre cassonade
1 œuf
170 g de farine T45
1 c. à c. de levure chimique
2 c. à s. de pâte
de spéculoos
100 g de riz soufflé

Matériel
1 saladier
Papier sulfurisé

- Préchauffez le four à 180 °C.
- Crémez le beurre pommade avec les sucres. Ajoutez ensuite l'œuf, la farine, la levure chimique, puis la pâte de spéculoos. Incorporez le riz soufflé.
- Formez des boules de 40 g environ, puis réservez au frais pendant 1 heure.
- Disposez les boules de pâte sur une plaque à pâtisserie préalablement recouverte de papier sulfurisé.
- Déposez sur chacune une petite pointe de pâte de spéculoos et enfournez pour 5 à 7 minutes environ.

Une version très croustillante grâce au riz soufflé !

Sirop d'érable-macadamia

20 cookies environ

Préparation
20 min

Repos
1 h

Cuisson
10 min

Ingrédients
125 g de beurre doux
100 g de sucre brun
100 g de sirop d'érable
2 œufs
1 c. à c. d'extrait de vanille
400 g de farine T45
1 pincée de sel
1 c. à c. de bicarbonate de soude
100 g de noix de macadamia en morceaux

Matériel
1 saladier
Papier sulfurisé

- Préchauffez le four à 200 °C.
- Dans un saladier, mélangez le beurre en pommade avec le sucre et le sirop d'érable. Ajoutez les œufs, l'extrait de vanille, la farine, le sel et le bicarbonate de soude. Ajoutez ensuite les noix de macadamia en morceaux.
- Formez des petites boules entre vos mains et laissez reposer vos cookies au réfrigérateur pendant 1 heure.
- Quand ils ont bien reposé, disposez-les sur une plaque recouverte de papier sulfurisé. Aplatissez-les légèrement.
- Faites cuire au four à 200 °C pendant 7 à 10 minutes. Laissez-les refroidir sur une grille avant dégustation.

Un délice à l'heure du goûter !

Noix de coco

20 cookies environ

Préparation
15 min

Cuisson
10 min

Ingrédients
100 g d'huile de coco
100 g de sucre de fleur de coco
40 g de lait de coco
200 g de farine T45
20 g de farine de coco
1 pincée de sel
30 g de noix de coco râpée

Matériel
1 saladier
Papier sulfurisé

- Préchauffez le four à 180 °C.
- Dans un saladier, mélangez l'huile de coco et le sucre de coco. L'huile doit être molle, mais non liquide. Si elle est trop solide, vous pouvez la passer quelques minutes sous l'eau chaude. Ajoutez ensuite le lait de coco, puis les farines et le sel.
- Mélangez la pâte à la main ou à l'aide d'une cuillère en bois, puis ajoutez la noix de coco râpée.
- Façonnez une vingtaine de boules, puis disposez-les sur une plaque à pâtisserie recouverte de papier sulfurisé. Aplatissez-les légèrement, puis enfournez-les pendant 8 à 10 minutes. Laissez refroidir les cookies quelques minutes à la sortie du four.

Pour les fans absolus de noix de coco !

L'astuce Yummy

Cette recette convient parfaitement aux vegan !

Cookies aux graines

20 cookies environ

Préparation
20 min

Repos
1 h

Cuisson
10 min

Ingrédients
250 g de beurre doux
100 g de sucre brun
80 g de sucre blond
1 c. à c. de sel
2 œufs + 1 jaune
250 g de farine
1 c. à c. de levure chimique
2 c. à c. de cannelle
200 g de petits flocons d'avoine
100 g de mélange de fruits secs
50 g de cranberries

Matériel
1 saladier
1 grand bol
Papier sulfurisé

- Dans un saladier, battez le beurre avec les sucres jusqu'à avoir un mélange homogène et aéré. Incorporez progressivement le sel, les œufs et le jaune.
- Dans un grand bol, mélangez la farine, la levure, la cannelle et les flocons. Ajoutez ensuite les fruits secs et les cranberries.
- Incorporez le mélange à la farine à la préparation liquide, puis réservez la pâte au réfrigérateur pendant 1 heure minimum.
- Préchauffez le four à 200 °C.
- Divisez la pâte en 20 boules, puis déposez-les sur une plaque allant au four, recouverte de papier sulfurisé.
- Faites cuire pendant 10 minutes environ. Les cookies doivent encore être mous à la sortie du four, car ils vont durcir en refroidissant.

L'allié idéal des sportifs avant une séance !

Craquelés à la cannelle

20 cookies environ

Préparation
15 min

Cuisson
15 min

Ingrédients
200 g de beurre doux
200 g de sucre brun
1 œuf
1 c. à c. d'extrait de vanille
½ c. à c. d'extrait d'amande
300 g de farine
1 c. à s. de cannelle
2 c. à c. de bicarbonate de soude
2 c. à c. de noix de muscade
2 c. à c. de zeste d'orange
1 c. à c. de zeste de citron
½ c. à c. de sel
Un peu de sucre blanc

Matériel
1 saladier
Papier sulfurisé

- Préchauffez le four à 180 °C.
- Dans un saladier, travaillez le beurre en pommade avec le sucre. Ajoutez l'œuf et les extraits de vanille et d'amande.
- Dans un autre bol, mélangez la farine, la cannelle, le bicarbonate, la muscade, les zestes et le sel. Ajoutez progressivement cet appareil à la préparation beurre-sucre.
- Formez des petites boules entre vos mains, puis roulez-les dans le sucre blanc.
- Disposez ensuite les boules de cookies sur une plaque recouverte de papier sulfurisé, aplatissez-les légèrement.
- Faites cuire au four à 180 °C pendant 10 à 15 minutes jusqu'à ce qu'ils soient bien dorés.

Des cookies craquelés trop craquants !

Pralines roses

20 cookies environ

Préparation
15 min

Cuisson
10 min

Ingrédients
100 g de beurre
100 g de sucre roux
1 œuf
1 c. à c. d'extrait de vanille
225 g de farine T45
1 pincée de sel
½ c. à c. de levure chimique
150 g de pralines
roses concassées

Matériel
1 saladier
Papier sulfurisé
1 grille

- Préchauffez le four à 180 °C.
- Dans un saladier, travaillez le beurre en pommade avec le sucre. Ajoutez l'œuf, l'extrait de vanille, la farine, le sel et la levure chimique. Incorporez ensuite les pralines concassées et mélangez bien.
- Formez des petites boules entre vos mains et disposez-les sur une plaque recouverte de papier sulfurisé. Aplatissez-les légèrement.
- Faites cuire à 180 °C pendant 7 à 10 minutes. Laissez-les refroidir sur une grille avant dégustation.

L'astuce Yummy

Si vous n'avez pas de pralines roses, vous pouvez aussi utiliser des chouchous (cacahuètes enrobées de sucre).

Macadamia-chocolat blanc

20 cookies environ

Préparation
15 min

Repos
3 h 15

Cuisson
15 min

Ingrédients
270 g de farine
1 c. à c. de bicarbonate de soude
½ c. à c. de sel
170 g de beurre fondu
120 g de sucre blond
120 g de sucre blanc
1 œuf + 1 jaune
2 c. à c. d'extrait de vanille liquide
200 g de pépites de chocolat blanc
120 g de noix de macadamia

Matériel
1 saladier
1 bol
Papier sulfurisé

- Dans un saladier, mélangez tous les ingrédients secs : farine, bicarbonate de soude et sel.
- Dans un bol, fouettez vivement le beurre fondu et les sucres jusqu'à obtenir un mélange homogène. Ajoutez ensuite l'œuf et le jaune d'œuf. Incorporez enfin la vanille.
- Faites un puits au centre du saladier contenant la farine, puis versez-y le contenu du bol avec les ingrédients liquides. Ajoutez les pépites de chocolat blanc et les noix de macadamia concassées. Formez une boule avec vos mains. Couvrez la pâte et réservez au réfrigérateur pendant 2 à 3 heures.
- Sortez la pâte et laissez-la se réchauffer à température ambiante pendant 15 minutes.
- Pendant ce temps, préchauffez le four à 160 °C.
- Divisez la pâte en une vingtaine de petites boules et disposez-les sur une plaque à pâtisserie recouverte de papier sulfurisé. Aplatissez-les légèrement, puis enfournez pendant 15 minutes. Laissez reposer les cookies quelques minutes avant de les manipuler.

Une recette ultime pour les gourmands.

Cœur coulant choco-framboise

20 cookies environ

Préparation
15 min

Repos
1 h

Cuisson
10 min

Ingrédients
170 g de beurre doux
150 g de sucre blond
1 œuf + 1 jaune
2 c. à c. d'extrait de vanille
300 g de farine T45
½ c. à c. de sel
½ c. à c. de bicarbonate de soude
150 g de pépites de chocolat blanc
120 g de framboises séchées
20 carrés de chocolat blanc

Matériel
1 saladier
Papier sulfurisé

- Préchauffez le four à 180 °C.
- Dans un saladier, mélangez le beurre fondu avec le sucre. Ajoutez l'œuf et le jaune, l'extrait de vanille, la farine, le sel et le bicarbonate. Incorporez enfin les pépites de chocolat blanc et les framboises.
- Formez des petites boules entre vos mains et disposez au centre de chacune un carré de chocolat blanc avant de refermer et de bien souder. Laissez reposer les cookies au réfrigérateur pendant 1 heure.
- Quand ils ont bien reposé, disposez-les sur une plaque recouverte de papier sulfurisé. Aplatissez-les légèrement. Faites cuire à 180 °C pendant 7 à 10 minutes. Laissez-les refroidir sur une grille avant dégustation.

Acide et sucré... mais surtout extra-fondant.

Cookies M&M's®

20 cookies environ

Préparation
15 min

Repos
1 h

Cuisson
12 min

Ingrédients
100 g de beurre demi-sel
50 g de sucre brun
100 g de cassonade
1 œuf
1 c. à c. d'extrait de vanille
180 g de farine T45
1 c. à c. de levure chimique
150 g de M&M's®

Matériel
1 saladier
Papier sulfurisé

- Préchauffez le four à 170 °C.
- Dans un saladier, travaillez le beurre en pommade avec les sucres. Ajoutez l'œuf, l'extrait de vanille, la farine et la levure chimique. Incorporez enfin les trois quarts des M&M's®.
- Formez des petites boules entre vos mains, puis réservez au réfrigérateur pendant 1 heure.
- Disposez ensuite les boules de cookies sur une plaque recouverte de papier sulfurisé, aplatissez-les légèrement et disposez par-dessus le reste de M&M's®.
- Faites cuire au four à 170 °C pendant 10 à 12 minutes.

Pour émerveiller les enfants !

Café crème

15 cookies environ

Préparation
30 min

Cuisson
12 min

Ingrédients

Pâte à cookies
85 g de beurre doux
100 g de sucre blanc
2 œufs
10 g de lait fermenté
1 c. à c. d'extrait de vanille
250 g de farine T45
1 c. à c. de levure chimique
1 pincée de sel

Glaçage
10 g de beurre doux
50 g de crème épaisse
50 g de sucre glace
1 c. à c. de café soluble
5 ml d'eau bouillante

Matériel
1 saladier
1 bol
Papier sulfurisé
1 petite casserole
1 pinceau
1 grille

- Préchauffez le four à 180 °C.
- Dans un saladier, battez ensemble le beurre et le sucre jusqu'à obtenir un mélange aérien. Incorporez ensuite les œufs, le lait fermenté et l'extrait de vanille.
- Dans un bol, mélangez la farine, la levure et le sel. Ajoutez ce mélange à la préparation liquide et mélangez à nouveau pour avoir une pâte homogène.
- Sur une plaque à pâtisserie recouverte de papier sulfurisé, étalez la pâte en petites boules de 40 g environ, puis enfournez pour 10 à 12 minutes jusqu'à ce que les cookies soient dorés.
- Pendant ce temps, préparez le glaçage : dans une petite casserole, faites chauffer ensemble à feu moyen le beurre et la crème. Ajoutez ensuite, hors du feu, le sucre glace, le café soluble et l'eau bouillante.
- Étalez le glaçage à l'aide d'un pinceau sur une moitié de chaque cookie, puis disposez les cookies sur une grille afin de laisser le glaçage durcir.

L'astuce Yummy

Vous pouvez également utiliser de la chicorée ou des copeaux de chocolat à la place du café pour une variante !

Crème de marron

20 cookies environ

Préparation
15 min

Repos
2 h

Cuisson
12 min

Ingrédients

Pâte à cookies
100 g de beurre demi-sel
50 g de sucre brun
100 g de cassonade
1 œuf
1 c. à c. d'extrait de vanille
180 g de farine T45
1 c. à c. de levure chimique
130 g de grosses pépites de chocolat
100 g de noisettes

Crème de marron
75 g de chocolat blanc à pâtisserie
150 g de crème de marron

Matériel
1 saladier
Film alimentaire
Papier sulfurisé

- Préchauffez le four à 170 °C.
- Dans un saladier, travaillez le beurre en pommade avec les sucres. Ajoutez l'œuf, l'extrait de vanille, la farine et la levure chimique. Incorporez ensuite les pépites de chocolat et ajoutez les noisettes.
- Formez de petites boules entre vos mains, puis réservez au réfrigérateur pendant 1 heure.
- Pendant ce temps, préparez la crème de marron : faites fondre le chocolat blanc au bain-marie, puis ajoutez la crème de marron hors du feu. Mélangez énergiquement, puis laissez reposer au frais 1 heure.
- Lorsque les cookies ont bien reposé, disposez-les sur une plaque recouverte de papier sulfurisé, et aplatissez-les légèrement.
- Faites cuire à 170 °C pendant 10 à 12 minutes. Laissez-les refroidir sur une grille puis, à l'aide d'une poche à douille ou d'une cuillère, recouvrez les cookies d'une couche de crème de marron.

Quel est le comble de la gourmandise ?

Matcha-chocolat blanc

20 cookies environ

Préparation
15 min

Repos
1 h

Cuisson
12 min

Ingrédients
240 g de farine T45
1 c. à s. de thé matcha
½ c. à c. de sel
½ c. à c. de levure chimique
200 g de sucre brun
180 g de beurre
doux ramolli
1 œuf entier + 1 jaune
1 c. à s. d'extrait
de vanille liquide
150 g de chocolat blanc

Matériel
2 saladiers
Papier sulfurisé

- Préchauffez le four à 160 °C.
- Dans un saladier, mélangez la farine, le thé matcha, le sel et la levure chimique.
- Dans un autre saladier, mélangez au fouet le sucre et le beurre ramolli pour obtenir un mélange crémeux.
- Ajoutez les œufs et l'extrait de vanille au mélange beurre-sucre. Incorporez ensuite l'appareil à base de farine à la préparation.
- Coupez le chocolat blanc en morceaux de la grosseur de votre choix, en mettant de côté quelques morceaux pour la décoration de chaque cookie et ajoutez-le à la préparation.
- Réservez la pâte à cookies au réfrigérateur pendant 1 heure.
- Façonnez des petites boules de pâte entre vos mains. La pâte est un peu collante, c'est normal. Ne rajoutez pas de farine, car cela risquerait d'être trop sec. Aplatissez légèrement les cookies sur une plaque recouverte de papier sulfurisé. Enfoncez sur chacun le reste des morceaux de chocolat blanc.
- Enfournez pendant 9 à 12 minutes en surveillant.

L'astuce Yummy

Les cookies s'affaissent et s'étalent à la cuisson.
Ne les étalez donc pas trop avant de les mettre au four !

Tahini-choco

20 cookies environ

Préparation
10 min

Repos
2 h

Cuisson
10 min

Ingrédients
100 g de beurre salé mou
110 g de sucre
1 œuf
2 c. à s. de tahini
200 g de farine T45
½ sachet de levure chimique
1 pincée de fleur de sel
120 g de pépites de chocolat

Matériel
1 saladier
Papier sulfurisé

- Préchauffez le four à 180 °C.
- Dans un saladier, mélangez le beurre mou et le sucre jusqu'à obtenir une consistance crémeuse. Ajoutez ensuite l'œuf. Incorporez le tahini. Fouettez bien et ajoutez enfin la farine, la levure, le sel et les pépites de chocolat.
- Formez des petites boules d'environ 30 à 40 g et déposez-les sur une plaque à pâtisserie recouverte de papier sulfurisé. Mettez-les au congélateur pendant 2 heures.
- Faites cuire les cookies pendant 10 minutes environ. Les cookies sont encore mous. C'est normal, car ils vont continuer à cuire une fois sortis du four.

Tout le caractère du sésame est dans cette recette.

L'astuce Yummy

Si vous n'avez pas de tahini ou que son goût ne vous plaît pas, vous pouvez utiliser d'autres purées d'oléagineux pour le remplacer : beurre d'amande, beurre de cacahuète...

Huile d'olive-orange-pistache

20 cookies environ

Préparation
25 min

Repos
2 h

Cuisson
12 min

Ingrédients
Pâte à cookies
90 g de pistaches
280 g de farine T45
½ c. à c. de bicarbonate de soude
½ c. à c. de sel
60 g de beurre doux
150 g de sucre blond
110 g d'huile d'olive douce
1 œuf
1 c. à c. d'extrait de vanille

Glaçage
3 c. à s. de jus d'orange filtré
1 pincée de sel
1 c. à s. de beurre fondu
180 g de sucre glace

Matériel
1 mixeur
2 bols
Film alimentaire
Papier sulfurisé

- Placez les pistaches dans le bol d'un mixeur et mixez jusqu'à obtenir une fine poudre. Ajoutez ensuite la farine, le bicarbonate et le sel. Mixez pour obtenir un mélange homogène.
- Dans un bol, battez ensemble le beurre et le sucre jusqu'à obtenir un mélange mousseux. Ajoutez l'huile d'olive, l'œuf, l'extrait de vanille et mélangez bien à nouveau. Incorporez ensuite le mélange farine-pistache et mélangez jusqu'à obtenir une pâte homogène.
- Façonnez une boule avec vos mains, couvrez de film alimentaire et placez au réfrigérateur pendant 2 heures minimum.
- Préchauffez le four à 180 °C.
- Divisez la pâte en une vingtaine de boules et disposez-les sur une plaque recouverte de papier sulfurisé. Avant d'enfourner, placez la plaque 10 minutes au congélateur.
- Faites cuire les cookies pendant 10 à 12 minutes en surveillant la cuisson. Laissez-les ensuite refroidir.
- Pendant ce temps, préparez le glaçage à l'orange : dans autre un bol, mélangez le jus d'orange, le sel et le beurre fondu. Ajoutez progressivement le sucre glace – n'hésitez pas à en rajouter jusqu'à la consistance souhaitée. Trempez ensuite le dessus des cookies dans le glaçage ou déposez-en une cuillerée sur chacun.
- Décorez avec quelques morceaux de pistaches concassées.

Cookies aux fleurs

20 cookies environ

Préparation
20 min

Repos
10 min

Cuisson
15 min

Ingrédients
2 c. à c. de lavande séchée comestible
150 g de sucre blond
1 c. à s. de zeste de citron
200 g de beurre salé
1 c. à c. d'extrait de vanille
280 g de farine T45
½ c. à c. de fleur de sel
1 blanc d'œuf
Quelques fleurs comestibles (en épicerie bio)

Matériel
1 mixeur
1 saladier
Emporte-pièce
Papier sulfurisé

- Dans le bol d'un mixeur, versez la lavande, le sucre et le zeste de citron et mixez jusqu'à obtenir un mélange fin et homogène.
- Dans un saladier, fouettez le beurre, le mélange sucre-lavande et l'extrait de vanille jusqu'à obtenir un mélange aérien. Ajoutez la farine et le sel. Mélangez jusqu'à former une pâte. Si le mélange est trop sableux, ajoutez un peu d'eau à la pâte.
- Étalez la pâte sur un plan de travail fariné, puis découpez à l'emporte-pièce des cookies de 4 à 5 cm de diamètre.
- Disposez-les sur une plaque à pâtisserie recouverte de papier sulfurisé et laissez reposer au congélateur 10 minutes environ.
- Préchauffez le four à 180 °C.
- Glacez chaque cookie avec le blanc d'œuf battu, puis disposez les fleurs comestibles sur chaque cookie en appuyant un peu pour les faire adhérer.
- Enfournez pour 12 à 15 minutes jusqu'à ce que les cookies soient bien dorés. Laissez refroidir quelques minutes avant de déguster.

Des fleurs comestibles, ça existe !

Sésame noir

15 cookies environ

Préparation
15 min

Repos
1 h

Cuisson
10 min

Ingrédients
100 g de beurre salé mou
110 g de sucre
1 œuf
2 c. à s. de crème de sésame noir
200 g de farine T45
½ sachet de levure chimique
30 g de sésame blond

Matériel
1 saladier
1 fouet
Papier sulfurisé

- Préchauffez le four à 180 °C.
- Dans un saladier, mélangez le beurre mou et le sucre. Ajoutez l'œuf, puis la pâte de sésame noir. En fouettant, incorporez ensuite la farine et la levure.
- Formez des petites boules de 30 g environ à l'aide de vos mains ou d'une cuillère à glace et déposez-les sur une plaque recouverte de papier sulfurisé. Mettez au congélateur pendant 1 heure.
- Aplatissez-les légèrement et parsemez de sésame blond.
- Faites cuire au four 10 minutes à 180 °C. Les cookies sont encore mous. C'est normal, car ils vont durcir en refroidissant.

Le cookie au sésame est so chic !

L'astuce Yummy

Très utilisé dans la cuisine asiatique, le sésame noir est connu pour ses propriétés antioxydantes et anti-inflammatoires.

Miel-pignons de pin

20 cookies environ

Préparation
15 min

Cuisson
12 min

Ingrédients
200 g de pâte d'amande
3 c. à s. de miel
1 pincée de sel
1 c. à c. d'extrait d'amande amère
1 c. à c. de bicarbonate de soude
1 œuf
100 g de farine T45
200 g de pignons de pin

Matériel
1 saladier
Papier sulfurisé
1 grille

- Préchauffez le four à 180 °C.
- Dans un saladier, mélangez la pâte d'amande et le miel jusqu'à obtenir une consistance homogène. Si la pâte d'amande est trop dure, n'hésitez pas à la réchauffer quelques minutes pour la manipuler plus facilement. Ajoutez le sel et l'extrait d'amande amère. Continuez à mélanger, puis mettez le bicarbonate et l'œuf. Incorporez ensuite la farine et finissez de mélanger à la main si c'est plus facile. Ajoutez enfin les pignons et formez une boule.
- Divisez ensuite en une vingtaine de cookies que vous façonnez entre vos mains. Disposez-les sur une plaque à pâtisserie préalablement recouverte de papier sulfurisé.
- Enfournez pendant 10 à 12 minutes jusqu'à ce que les cookies soient légèrement dorés. Laissez refroidir quelques minutes sur une grille à la sortie du four.

Trop mignons et surtout trop trop bons !

Tarte au citron

20 cookies environ

Préparation
15 min

Cuisson
10 min

Ingrédients

Pâte à cookies
220 g de beurre doux
150 g de sucre roux
1 œuf
Le zeste de 1 citron bio
250 g de farine T45
½ c. à c. de levure chimique
½ c. à c. de sel

Glaçage
150 g de sucre glace
2 c. à s. de jus de citron
1 c. à s. de crème
fraîche épaisse
1 pincée de sel

Matériel
1 saladier
1 cuillère à glace
1 bol
1 grille

- Préchauffez le four à 180 °C.
- Dans un saladier, mélangez le beurre et le sucre jusqu'à obtenir un mélange crémeux. Ajoutez l'œuf et le zeste de citron, puis la moitié de la farine, la levure et la pincée de sel. Incorporez progressivement le reste de la farine.
- À l'aide d'une cuillère à glace ou de vos mains, façonnez une vingtaine de petites boules. Disposez-les sur une plaque à pâtisserie recouverte de papier sulfurisé, puis aplatissez-les légèrement avec la paume de la main.
- Enfournez pour 8 à 10 minutes en surveillant régulièrement.
- Pendant que les cookies refroidissent, préparez le glaçage : mélangez le sucre glace et le jus du citron dans un bol, puis ajoutez la crème et la pincée de sel. Si le glaçage est trop liquide, n'hésitez pas à ajouter un peu de sucre glace.
- Lorsque les cookies ont refroidi, retournez-les dans le glaçage de manière à glacer le haut de chaque cookie, puis disposez-les sur une grille.

L'astuce Yummy

Utilisez de préférence du jus de citron frais et des zestes de citron non traités, le goût n'en sera que meilleur !

Crinkle cookies

15 cookies environ

Préparation
15 min

Repos
2 h

Cuisson
10 min

Ingrédients
130 g de farine T45
50 g de cacao
1 c. à c. de bicarbonate de soude
1 pincée de sel
80 g de sucre
60 g d'huile neutre
2 œufs
1 c. à c. d'extrait de vanille
Sucre glace pour la décoration

Matériel
2 saladiers
Film alimentaire
Papier sulfurisé

- Dans un saladier, mélangez la farine, le cacao, le bicarbonate et le sel.
- Dans un autre saladier, fouettez le sucre et l'huile pendant quelques minutes jusqu'à obtenir un mélange mousseux. Ajoutez les œufs, l'extrait de vanille et le mélange farine-cacao.
- Formez une boule, puis enroulez-la dans du film alimentaire et laissez-la reposer au réfrigérateur pendant 2 heures minimum.
- Préchauffez le four à 180 °C. Divisez la pâte en 15 petites boules et roulez-les dans le sucre glace jusqu'à ce qu'elles en soient complètement enrobées. Disposez-les sur une plaque à pâtisserie recouverte de papier sulfurisé en les espaçant un peu.
- Enfournez pendant 10 minutes, puis laissez refroidir quelques minutes.

Cookies tricolores

15 cookies environ

Préparation
10 min

Cuisson
10 min

Repos
10 min

Ingrédients
360 g de farine
1 c. à c. de bicarbonate de soude
1 c. à c. de sel
10 g de fruits rouges séchés
200 g de beurre doux
200 g de sucre blond
1 œuf + 1 jaune
2 c. à c. d'extrait de vanille
2 c. à c. de cacao non sucré

Matériel
1 bol
1 mixeur
1 saladier
Papier sulfurisé

- Préchauffez le four à 180 °C.
- Dans un bol, mélangez la farine, le bicarbonate de soude et le sel.
- Dans un mixeur, mettez les fruits rouges séchés et mixez-les finement.
- Dans un saladier, mélangez le beurre en pommade avec le sucre pendant quelques minutes, puis ajoutez les œufs, l'extrait de vanille et la farine.
- Sur un plan de travail, séparez la pâte en trois. Dans l'une, ajoutez la poudre de fruits rouges et mélangez bien. Dans la deuxième, ajoutez le cacao et mélangez jusqu'à avoir une pâte homogène. Laissez la troisième partie telle quelle.
- Prenez environ 15 g de chaque pâte et formez des petites boules entre vos mains en prenant soin de garder chaque couleur intacte.
- Disposez les cookies sur une plaque à pâtisserie recouverte de papier sulfurisé et aplatissez-les légèrement.
- Enfournez à 180 °C pour 10 minutes en surveillant. Laissez ensuite refroidir les cookies environ 10 minutes.

L'astuce Yummy

Pour un effet vraiment bluffant, ajoutez quelques gouttes de colorant rouge à la pâte aux fruits rouges !

Courgette-chocolat noir

20 cookies environ

Préparation
15 min

Cuisson
15 min

Ingrédients
250 g de courgette râpée
1 œuf
125 g de beurre
demi-sel mou
50 g de sucre de canne
90 g de miel
250 g de farine
½ c. à c. de levure chimique
2 pincées de cannelle
1 c. à c. de vanille en poudre
200 g de pépites de
chocolat noir

Matériel
Papier absorbant
1 saladier
1 cuillère à glace
Papier sulfurisé
1 grille

- Préchauffez le four à 180 °C.
- Râpez la courgette et essorez-la sur du papier absorbant.
- Dans un saladier, mélangez l'œuf avec le beurre mou et ajoutez le sucre et le miel. Incorporez ensuite la farine, la levure, la cannelle et la vanille et mélangez à nouveau. Ajoutez enfin la courgette râpée et les pépites de chocolat et mélangez bien.
- Formez des petites boules entre vos mains ou à l'aide d'une cuillère à glace et disposez-les sur une plaque recouverte de papier sulfurisé.
- Laissez cuire 15 minutes environ. Démoulez sur une grille pour laisser refroidir ou seulement tiédir.

Des cookies sucrés aux légumes ??

Pomme-potiron

20 cookies environ

Préparation
15 min

Repos
30 min

Cuisson
10 min

Ingrédients
115 g de beurre doux fondu
50 g de sucre brun
70 g de sucre blanc
1 c. à c. d'extrait de vanille
90 g de purée de potiron
180 g de farine T45
½ c. à c. de levure chimique
½ c. à c. de bicarbonate de soude
½ c. à c. de cannelle
1 c. à c. de quatre-épices
1 pincée de sel
1 pomme coupée en fins morceaux

Matériel
2 saladiers
Papier sulfurisé
1 boîte hermétique

- Préchauffez le four à 180 °C.
- Dans un saladier, mélangez le beurre fondu avec les sucres et ajoutez l'extrait de vanille et la purée de potiron.
- Dans un autre saladier, mélangez les ingrédients secs : la farine, la levure, le bicarbonate de soude, les épices et la pincée de sel. Faites un puits au centre et mettez-y les ingrédients liquides. Mélangez quelques minutes à la cuillère en bois.
- Ajoutez enfin les petits morceaux de pomme. Couvrez le saladier et laissez reposer 30 minutes minimum au réfrigérateur.
- Roulez ensuite des petites boules de cookies entre vos mains et disposez-les sur une plaque recouverte de papier sulfurisé. Aplatissez légèrement les cookies avec le dos d'une cuillère.
- Enfournez à 180 °C pendant 10 minutes environ et laissez-les refroidir 10 minutes minimum à la sortie du four avant de les transférer dans une boîte hermétique.

L'astuce Yummy

Vous pouvez conserver la pâte à cookies crue au réfrigérateur jusqu'à 3 jours si vous n'avez pas le temps de faire cuire les cookies tout de suite !

Avocat-chocolat blanc

20 cookies environ

Préparation
10 min

Repos
30 min

Cuisson
15 min

Ingrédients
300 g de farine
1 c. à c. de bicarbonate de soude
½ c. à c. de sel
100 g d'amandes effilées
1 avocat mûr
170 g de sucre roux
1 œuf + 1 jaune
150 g de pépites de chocolat blanc

Matériel
1 bol
1 saladier
Papier sulfurisé

- Dans un bol, mélangez les ingrédients secs : la farine, le bicarbonate, le sel et les amandes.
- Dans un saladier, écrasez l'avocat et mélangez-le avec le sucre et les œufs. Ajoutez progressivement les ingrédients secs au mélange à l'avocat. Enfin, incorporez les pépites de chocolat.
- Laissez reposer au réfrigérateur pendant 30 minutes.
- Préchauffez le four à 160 °C.
- Façonnez entre vos mains des petites boules de 40 g environ. Disposez-les sur une plaque à pâtisserie recouverte de papier sulfurisé.
- Aplatissez-les légèrement et enfournez pendant 15 minutes environ. Les cookies sortent mous du four, mais continuent à cuire sur la plaque au-dehors.

De l'avocat pour des cookies super originaux !

Choco-épices

20 cookies environ

Préparation
15 min

Repos
15 min

Cuisson
12 min

Ingrédients
120 g de beurre doux
200 g de sucre brun
120 ml d'huile de coco
2 c. à c. d'extrait de vanille
200 g de farine de riz
60 g de farine de tapioca
1 c. à c. de sel
1 c. à s. de cannelle
1 c. à c. de quatre-épices
1 c. à c. de bicarbonate de soude
1 c. à c. de levure chimique
60 ml d'eau
270 g de flocons d'avoine (petits)
120 g de pépites de chocolat noir

Matériel
1 saladier
1 bol
Papier sulfurisé

- Préchauffez le four à 180 °C.
- Dans un saladier, fouettez ensemble le beurre et le sucre. Ajoutez l'huile de coco, l'extrait de vanille et mélangez jusqu'à avoir une pâte homogène.
- Dans un bol, mélangez les ingrédients secs : les farines, le sel, les épices, le bicarbonate et la levure chimique. Ajoutez ce mélange au mélange beurre-sucre, puis l'eau. Incorporez enfin les flocons d'avoine et les pépites de chocolat.
- Formez des petites boules à l'aide d'une cuillère à glace et placez-les au congélateur pendant 15 minutes.
- Disposez-les sur une plaque recouverte de papier sulfurisé et enfournez pendant 12 minutes.

Hmmm...
et sans gluten !

Sarrasin-choco

15 petits cookies environ

Préparation
15 min

Cuisson
12 min

Ingrédients
100 g de farine de riz
70 g de farine de sarrasin
115 g de pépites de chocolat
70 g de sirop d'érable
70 g de graines de sarrasin
30 g de lait végétal
60 g d'huile de coco
1 c. à c. d'extrait de vanille
½ c. à c. de sel
½ c. à c. de levure chimique
Fleur de sel

Matériel
1 casserole
1 petit bol
1 cuillère à glace
Papier sulfurisé

- Préchauffez le four à 180 °C.
- Faites fondre l'huile de coco à feu doux dans une casserole. Hors du feu, incorporez le sirop d'érable sans trop mélanger. Ajoutez ensuite le lait végétal et l'extrait de vanille.
- Dans un petit bol, mélangez les farines, le sel, les graines de sarrasin et la levure chimique.
- Ajoutez les ingrédients secs à la préparation précédente et mélangez bien à la spatule. Incorporez ensuite les pépites de chocolat.
- À l'aide d'une cuillère à glace ou de vos mains, façonnez des boules et disposez-les sur une plaque à pâtisserie recouverte de papier sulfurisé. Saupoudrez de fleur de sel.
- Enfournez pendant 10 à 12 minutes, jusqu'à ce qu'ils soient dorés. Laissez enfin reposer les cookies quelques minutes avant de déguster.

La recette idéale pour les intolérants au gluten.

Healthy balls banane

20 bouchées environ

Préparation
15 min

Cuisson
12 min

Ingrédients
1 ½ banane mûre
30 g de sucre
de fleur de coco
1 c. à s. d'extrait de vanille
1 pincée de sel
150 g de noix de coco râpée
60 g de farine T45
50 g de pépites de
chocolat noir

Matériel
1 mixeur
1 saladier
Papier sulfurisé

- Préchauffez le four à 180 °C.
- Dans un mixeur, déposez la banane, le sucre, l'extrait de vanille et le sel. Mixez bien, puis ajoutez la noix de coco et la farine.
- Transvasez la pâte dans un saladier et ajoutez les pépites de chocolat en mélangeant avec une cuillère en bois. Si la pâte est trop collante, incorporez un peu de farine.
- Formez des petites boules avec vos mains et déposez-les sur une plaque recouverte de papier sulfurisé.
- Enfournez pendant 12 minutes environ en retournant les bouchées à mi-cuisson. Laissez refroidir 10 minutes avant de les déguster.

De délicieuses petites boules plus saines !

L'astuce Yummy

Le choix des bananes est important. Choisissez des bananes mûres pour leur côté sucrant, mais pas trop mûres (noires) non plus, sinon la pâte sera trop collante !

Choco-levain

15 cookies environ

Préparation
15 min

Cuisson
12 min

Ingrédients
115 g de chocolat noir à 70 % concassé en petits morceaux
40 g de farine de sarrasin
80 g de farine de blé
135 g de sucre roux
15 g de cacao
½ c. à c. de bicarbonate de soude
½ c. à c. de sel
115 g de beurre doux
2 c. à c. d'extrait de vanille
70 g de levain non rafraîchi
1 jaune d'œuf
75 g de noisettes torréfiées

Matériel
1 bol
1 saladier
Papier sulfurisé

- Préchauffez le four à 180 °C.
- Faites fondre le chocolat au micro-ondes ou au bain-marie.
- Dans un bol mélangez les farines, le cacao, le bicarbonate et le sel.
- Dans un saladier, fouettez en pommade le beurre et le sucre puis ajoutez l'extrait de vanille. Ajoutez le levain, le jaune d'œuf, les noisettes et le chocolat fondu.
- Faites des petites boules de 40 g environ et placez-les sur une plaque de four recouverte de papier sulfurisé. Enfournez et laissez cuire de 10 à 12 minutes en surveillant.

L'astuce Yummy

Pour une version vegan, remplacez l'œuf par une cuillerée à soupe d'eau de pois chiche légèrement battue !

Cookie mugcake

1 mugcake

Préparation
10 min

Cuisson
2 min

Ingrédients
12 g de beurre
20 g de sucre roux
1 jaune d'œuf
30 g de farine
15 g de pépites
de chocolat

Matériel
1 tasse

- Mettez le beurre dans une tasse et faites-le fondre 30 secondes au micro-ondes.
- Ajoutez le sucre et l'œuf, et fouettez avec une fourchette. Incorporez la farine et mélangez bien. Ajoutez enfin les pépites de chocolat et mélangez à nouveau.
- Faites cuire le mugcake 1 minutes 30 secondes à 600 W au micro-ondes. Laissez tiédir quelques minutes avant de le déguster.

Un dessert rapide et gourmand !

Coofins bicolores

12 coofins environ

Préparation
20 min

Cuisson
20 min

Ingrédients

Pâte à muffins
60 g de chocolat noir
50 g de beurre demi-sel
4 c. à s. de lait
60 g de sucre
1 œuf entier + 1 blanc
120 g de farine
1 c. à c. de levure chimique
100 g de chocolat noir concassé en morceaux

Pâte à cookies
70 g de beurre mou demi-sel
70 g de cassonade
1 œuf
1 c. à c. d'extrait de vanille
150 g de farine
1 c. à c. de levure chimique
100 g de pépites de chocolat

Matériel
1 casserole
3 saladiers
1 moule à muffins
1 cuillère en bois

- Commencez par préparer la pâte à muffins : faites fondre les 60 g de chocolat avec le beurre 1 minute au bain-marie et mélangez bien. Ajoutez ensuite le lait, le sucre et le jaune d'œuf en réservant le blanc pour la suite de la recette.
- Dans un saladier, mélangez la farine et la levure, puis incorporez le mélange précédent et fouettez bien.
- Battez les 2 blancs d'œufs en neige. Ajoutez-en un tiers à la préparation pour la détendre, puis incorporez le reste.
- Répartissez une bonne cuillerée à soupe de préparation dans chaque empreinte d'un moule à muffins préalablement beurré. Placez ensuite du chocolat concassé sur chaque muffin.
- Préchauffez le four à 180 °C.
- Préparez la pâte à cookies : mélangez le beurre mou avec le sucre, l'œuf et la vanille à l'aide d'une cuillère en bois. Ajoutez ensuite la farine et la levure. Mélangez à la cuillère, puis incorporez enfin les pépites.
- Formez une douzaine de boules à l'aide de vos mains.
- Déposez 1 boule dans chaque empreinte en faisant bien attention à ne pas les enfoncer ni à les aplatir. Les cookies vont s'étaler à la cuisson.
- Enfournez ensuite pendant 20 minutes en surveillant. À la sortie du four, laissez tiédir quelques minutes avant de démouler les coofins.

Mi-muffin, mi-cookie… et super moelleux !

Cookies briochés

10 cookies environ

Préparation
15 min

Repos
30 min

Cuisson
15 min

Ingrédients
3 œufs
60 g de sucre
150 g de purée d'amande
250 g de farine
1 sachet de levure
120 ml de lait
150 g de pépites de chocolat

Matériel
1 saladier
1 bol
Film alimentaire
Papier sulfurisé

- Préchauffez le four à 180 °C.
- Dans un saladier, mélangez les œufs et le sucre. Ajoutez ensuite la purée d'amande.
- Dans un bol, mélangez la farine et la levure chimique. Ajoutez cet appareil à la préparation œuf-sucre et mélangez bien. Incorporez enfin le lait et les pépites de chocolat.
- Formez une boule et enroulez-la dans du film alimentaire. Réservez-la au frais pendant environ 30 minutes.
- Façonnez des petites boules sur une plaque à pâtisserie recouverte de papier cuisson et enfournez 15 minutes à 180 °C.

Mi-brioche, mi-cookie... on se régale !

Sandwichs-cookies glacés

10 petits sandwichs-cookies glacés

Préparation
25 min

Repos
2 h 15

Cuisson
10 min

Ingrédients
100 g de beurre doux
110 g de sucre roux
1 œuf
1 c. à c d'extrait de vanille
180 g de farine
½ c. à c. de bicarbonate de soude
1 pincée de sel
100 g de Smarties®
1 pot de glace vanille de bonne qualité

Matériel
1 bol
Papier sulfurisé
1 planche à découper
1 emporte-pièce rond

- Préchauffez le four à 180 °C.
- Dans un bol, battez en pommade le beurre et le sucre. Ajoutez l'œuf et l'extrait de vanille, puis la farine, le bicarbonate, le sel et les Smarties®. Laissez refroidir au réfrigérateur 1 heure – vous pouvez même laisser jusqu'à 24 heures si besoin.
- À l'aide d'une cuillère à glace, formez des cookies d'environ 30 g et disposez-les sur une plaque à pâtisserie préalablement recouverte de papier sulfurisé. Vous pouvez ajouter quelques Smarties© supplémentaires sur le dessus pour décorer. Enfournez pour 7 à 10 minutes en surveillant. Laissez enfin refroidir 15 minutes environ.
- Pendant ce temps, sortez le pot de glace vanille du congélateur. Démoulez la glace sur une planche à découper et coupez des tranches de 1 cm d'épaisseur.
- À l'aide d'un emporte-pièce rond, découpez un cercle de glace dans la tranche et déposez-le délicatement sur la partie plate d'un cookie. Recouvrez d'un autre cookie et appuyez un peu pour les souder. Remettez les sandwichs-cookies rapidement au congélateur pour éviter que la glace ne fonde. Laissez reposer 1 heure avant de servir.

Le goûter préféré des enfants !

Cookies de Noël

20 cookies environ

Préparation
25 min

Repos
1 h

Cuisson
10 min

Ingrédients

Pâte à cookies
150 g de farine T45
60 g de sucre
65 g de poudre d'amandes
1 sachet de sucre vanillé
½ c. à c. de cannelle
1 pincée de sel
65 g de beurre
1 œuf

Glaçage
30 g de sucre glace
Un peu d'eau
Quelques perles de sucre
pour la décoration

Matériel
2 bols
1 rouleau à pâtisserie
1 emporte-pièce
Papier sulfurisé

- Préchauffez votre four à 200 °C.
- Mélangez dans un bol la farine, le sucre, la poudre d'amandes, le sucre vanillé, la cannelle et le sel. Dans un autre bol, mettez le beurre et l'œuf. Versez-y petit à petit la première préparation et mélangez. Formez une boule et mettez-la au réfrigérateur pendant 1 heure. Cela permet à la pâte de reposer et d'être plus facile à manipuler par la suite.
- Sortez la pâte du réfrigérateur et étalez-la à l'aide d'un rouleau à pâtisserie sur 0,5 cm d'épaisseur. Prenez l'emporte-pièce de votre choix et découpez les formes jusqu'à ne plus avoir de pâte. Déposez ensuite les biscuits sur une plaque recouverte de papier sulfurisé et enfournez-les pour 10 minutes.
- Pendant ce temps, préparez le glaçage : dans un bol, mélangez le sucre glace avec quelques gouttes d'eau et ajustez en fonction de la consistance souhaitée. Il ne faut pas que le glaçage soit trop liquide, sinon il va couler sur les cookies.
- Laissez refroidir les cookies, puis nappez-les de glaçage et décorez-les avec quelques perles de sucre.

L'astuce Yummy

Pour plus de fun, n'hésitez pas à ajouter quelques gouttes de colorant dans le glaçage !

Fonkies noix de pécan

10 fonkies environ

Préparation
15 min

Repos
30 min

Cuisson
10 min

Ingrédients
145 g de beurre mou
70 g de sucre brun
1 œuf + 1 jaune
1 c. à c. d'extrait de vanille
250 g de farine
1 c. à c. de levure chimique
100 g de pépites
de chocolat au lait
100 g de noix de pécan
Quelques carrés
de chocolat au lait

Matériel
1 saladier
1 moule à muffins
1 grille

- Dans un saladier, mélangez en pommade le beurre avec le sucre. Ajoutez l'œuf entier et le jaune, ainsi que la vanille. Mélangez bien. Ajoutez la farine et la levure tout en continuant à mélanger. Incorporez enfin les pépites de chocolat et les noix de pécan concassées.
- Réservez la pâte au réfrigérateur pendant 30 minutes.
- Préchauffez le four à 180 °C.
- Dans un moule à muffins préalablement beurré, déposez une cuillère à soupe de pâte dans chaque empreinte, puis façonnez-la avec les doigts de façon à lui faire bien épouser le fond du moule. Formez un creux au centre. Déposez un carré de chocolat au lait dans chaque empreinte, puis recouvrez avec un peu de pâte à cookies.
- Enfournez et laissez cuire 10 minutes. Laissez tiédir avant de démouler sur une grille.

Vous allez adorer le mi-fondant, mi-cookie…

Blondie au caramel

6 personnes

Préparation
15 min

Cuisson
40 min

Ingrédients
220 g de beurre doux
150 g de sucre brun
2 œufs + 1 jaune
1 c. à c. d'extrait de vanille
280 g de farine
1 c. à c. de bicarbonate de soude
1 c. à c. de sel
250 g de pépites de caramel fudge

Matériel
1 saladier
1 bol
1 moule carré
Papier sulfurisé

- Préchauffez le four à 180 °C.
- Dans un saladier, mélangez le beurre préalablement fondu et le sucre. Ajoutez les œufs, puis l'extrait de vanille.
- Dans un bol, mélangez la farine, le bicarbonate et le sel. Ajoutez cette préparation à l'appareil œufs-sucre. Incorporez enfin les pépites de caramel fudge.
- Versez la préparation dans un moule carré de 20 x 20 cm de côté préalablement chemisé de papier sulfurisé ou beurré.
- Enfournez pendant 35 à 40 minutes en surveillant régulièrement.

Brookie au chocolat noir

6 personnes

Préparation
25 min

Cuisson
40 min

Ingrédients

Brownie
120 g de beurre demi-sel
200 g de chocolat
3 œufs
80 g de sucre
1 sachet de sucre vanillé
3 c. à s. de farine
125 g de noix de pécan

Pâte à cookies
50 g de sucre blanc
50 g de sucre brun
180 g de farine
½ c. à c. de bicarbonate de soude
1 c. à c. de levure chimique
120 g de beurre demi-sel
1 œuf battu
100 g de pépites de chocolat noir

Matériel
2 saladiers
1 moule carré

- Préparez le brownie : préchauffez le four à 180 °C. Faites fondre le beurre et le chocolat au bain-marie.
- Dans un saladier, battez les œufs et les sucres jusqu'à blanchiment. Versez l'appareil beurre-chocolat et mélangez. Ajoutez la farine et mélangez au fouet pour éviter les grumeaux. Incorporez les noix de pécan concassées et mélangez délicatement. Versez dans un moule carré de 20 x 20 cm ou rectangulaire chemisé de papier sulfurisé.
- Préparez la pâte à cookies : mélangez dans un saladier les sucres, la farine, le bicarbonate de soude et la levure. Ajoutez le beurre à température ambiante en petits morceaux. Mélangez jusqu'à l'obtention d'une pâte sablée. Ajoutez l'œuf battu et mélangez jusqu'à avoir une pâte souple mais pas trop collante. Incorporez les pépites de chocolat.
- Avec une fourchette, déposez la pâte à cookies sur la pâte à brownie en recouvrant toute sa surface. Enfournez pendant 40 minutes en surveillant régulièrement. Le dessus doit être bien doré. Laissez refroidir avant de déguster ! Vous pouvez aussi découper le brookie en petits carrés individuels.

L'astuce Yummy

Idéalement, faites en sorte que tous les ingrédients soient à température ambiante.

Cookie géant à la poêle

1 cookie de 20 cm de diamètre

Préparation
5 min

Cuisson
15 min

Ingrédients
100 g de farine
70 g de sucre brun
1 c. à c. de levure chimique
1 œuf
100 g de beurre salé
50 g de poudre de noisettes
30 g de noisettes concassées
75 g de chocolat au lait
Glace à la vanille pour déguster (facultatif)

Matériel
1 saladier
1 poêle

- Mélangez la farine, la levure, la poudre de noisettes et le sucre brun dans un saladier.
- Dans une poêle, faites fondre le beurre à feu doux puis, hors du feu, ajoutez l'œuf et mélangez bien. Remettez à feu doux et incorporez les ingrédients secs, puis mélangez bien jusqu'à l'obtention d'une texture homogène. Lissez la surface et laissez cuire 10 minutes environ.
- Ajoutez en fin de cuisson le chocolat au lait en morceaux ainsi que les noisettes concassées. Couvrez d'un couvercle et continuez à cuire environ 5 minutes. Laissez refroidir, puis servez directement dans la poêle, surmonté de quelques boules de glace vanille selon votre goût.

L'astuce Yummy

Si vous ne souhaitez pas déguster le cookie dans la poêle directement, vous pouvez y placer une feuille de papier sulfurisé avant de le faire cuire pour le démouler plus facilement !

Brookie praliné-fruits rouges

8 personnes

Préparation
30 min

Repos
1 h 30

Cuisson
40 min

Ingrédients

Pâte à cookies
180 g de beurre doux
100 g de sucre blond
2 œufs
240 g de farine T45
½ c. à c. de sel
150 g de fruits rouges

Brownie
180 g de beurre doux
150 g de chocolat praliné
2 œufs
100 g de sucre blond
80 g de farine T45
½ c. à c. de sel
1 à 2 c. à c. de praliné
en pot (facultatif)

Matériel
2 bols
1 casserole
1 moule carré

- Préchauffez le four à 180 °C.
- Préparez la pâte à cookies : dans un grand bol, mélangez le beurre fondu et le sucre. Puis ajoutez les œufs et fouettez vivement. Versez la farine, le sel et les fruits rouges coupés en morceaux, puis homogénéisez la pâte. Faites reposer au réfrigérateur 30 minutes.
- Pendant ce temps, préparez le brownie : dans une casserole, faites fondre le beurre et le chocolat praliné au bain-marie.
- Dans un bol, battez les œufs et le sucre, puis versez le chocolat fondu en mélangeant. Ajoutez ensuite la farine et le sel. Versez dans un moule carré d'environ 20 x 20 cm de côté et enfournez 10 minutes.
- Sortez le brownie et ajoutez la pâte à cookies en morceaux sur le dessus sans l'étaler – elle va s'étaler seule pendant la cuisson.
- Enfournez à nouveau pendant 20 à 25 minutes. Laissez refroidir le brookie à la sortie du four.
- Laissez reposer ensuite 1 heure au frais.
- Découpez de petits carrés individuels avant de servir. Selon votre goût, vous pouvez napper le brookie d'un peu de praliné en pot avant de déguster.

L'astuce Yummy

Le passage au froid est vivement recommandé pour obtenir des carrés parfaits !

Cookie cheesecake

6 personnes

Préparation
30 min

Cuisson
40 min

Repos
3 h

Ingrédients

Pâte à cookies
100 g de beurre doux
150 g de sucre brun
1 œuf
1 c. à c. d'extrait de vanille
200 g de farine
1 c. à c. de bicarbonate de soude
1 pincée de sel
100 g de pépites de chocolat

Cheesecake
200 g de cream cheese ou de Philadelphia©
120 g de sucre blanc
1 c. à c. d'extrait de vanille
1 œuf

Matériel
1 saladier
1 bol
1 moule à gâteau
Papier sulfurisé

- Dans un saladier, battez ensemble le beurre et le sucre jusqu'à obtenir un mélange crémeux. Ajoutez l'œuf et l'extrait de vanille. Incorporez ensuite la farine, le bicarbonate, le sel et les pépites de chocolat. Mélangez, puis rassemblez la pâte en une boule et laissez reposer au réfrigérateur pendant que vous façonnez le cheesecake.
- Dans un bol, mélangez le cream cheese et le sucre. Ajoutez l'extrait de vanille et l'œuf, puis mélangez jusqu'à obtenir un appareil homogène.
- Recouvrez un moule à gâteau de 20 cm de diamètre de papier sulfurisé. Préchauffez le four à 180 °C.
- Sortez la pâte à cookies du réfrigérateur et foncez le moule à gâteau avec les trois quarts de la pâte. Versez l'appareil à cheesecake par-dessus, puis finissez le dressage en émiettant le reste de pâte à cookies sur le dessus.
- Enfournez le cheesecake pendant 35 à 40 minutes jusqu'à ce que le dessus soit coloré. Laissez-le ensuite refroidir et disposez-le au minimum 3 heures au réfrigérateur avant de servir.

L'astuce Yummy

N'hésitez pas à faire ce dessert en avance, car il se déguste bien frais et se garde jusqu'à 4 jours au réfrigérateur !

Cookie d'anniversaire

1 cookie d'anniversaire

Préparation
1 h

Repos
2 h 30

Cuisson
20 min

Ingrédients

Pâte à cookies
300 g de farine
150 g de sucre blanc
100 g de cassonade ou de vergeoise brune
220 g de beurre doux
2 œufs moyens
1 c. à c. d'arôme de vanille
2 pincées de sel
1 c. à c. de bicarbonate de soude
1 c. à c. de levure chimique
300 g de pépites de chocolat

Ganache
250 g de chocolat au lait
250 ml de crème fraîche épaisse

Matériel
2 saladiers
Papier sulfurisé
1 grille

- Sortez les œufs et le beurre 1 heure à l'avance. Battez le beurre mou avec les sucres dans un saladier. Incorporez les œufs et l'arôme de vanille.
- Dans un autre saladier, tamisez la farine, le sel, la levure et le bicarbonate. Ajoutez le mélange sec au mélange liquide, puis deux tiers des pépites de chocolat.
- Laissez la pâte reposer 1 heure au réfrigérateur.
- Divisez la pâte en 4 boules de tailles différentes. Le gros cookie servira de base et sera recouvert par les autres cookies, par ordre décroissant. Roulez-les, disposez-les sur une plaque recouverte de papier sulfurisé et aplatissez-les. Ajoutez le reste des pépites sur les cookies.
- Enfournez à 160 °C pour 15 à 20 minutes en surveillant – le plus gros cookie pourra nécessiter de cuire 5 minutes de plus.
- Laissez refroidir complètement sur une grille pendant 30 minutes.
- Pendant ce temps, préparez la ganache en faisant fondre la crème et le chocolat au bain-marie. Laissez refroidir à température ambiante.
- Disposez le plus gros cookie en dessous, recouvrez-le de ganache, puis recommencez l'opération jusqu'au cookie le plus petit.

L'astuce Yummy

Vous pouvez insérer des fruits ou des oléagineux lorsque vous étalez la ganache et que vous montez le gâteau pour plus de gourmandise !

Glace vanille-Cookie Dough

6 personnes

Préparation
15 min

Repos
6 h

Ingrédients

Pâte à cookies
Voir recette Classique page 4.

Glace
1 gousse de vanille
250 ml de lait entier
250 ml de crème liquide à 30 %
6 jaunes d'œufs
125 g de sucre semoule
50 g de pépites de chocolat

Matériel
1 casserole
2 saladiers
1 fouet
1 sorbetière

- Préparez l'appareil à glace : fendez la gousse de vanille en deux et grattez-la. Versez le lait, la crème et la vanille dans une casserole et portez à ébullition.
- Dans un saladier, mélangez au fouet les jaunes d'œufs et le sucre jusqu'à blanchiment. Versez la préparation lait-crème sur les jaunes d'œufs blanchis, puis mélangez au fouet.
- Faites cuire à feu doux dans une casserole, en mélangeant pour éviter que la crème n'attache, jusqu'à ce qu'elle nappe la cuillère. Retirez du feu et mettez dans un saladier d'eau froide pour la refroidir en continuant à mélanger doucement pendant 5 minutes. Cela va permettre d'homogénéiser la crème et de la rendre onctueuse.
- Laissez refroidir complètement, puis ôtez la gousse de vanille et ajoutez les pépites de chocolat.
- Pendant ce temps, préparez la pâte à cookies en vous référant à la recette de la page 4 sans la faire cuire.
- À l'aide d'une cuillère à melon ou d'une petite cuillère, découpez des petits morceaux de pâte crue et incorporez-les à la crème vanille. Versez ensuite dans la sorbetière ou laissez prendre au congélateur dans une boîte.

L'astuce Yummy

Vous pouvez aussi transvaser la glace dans un bac de congélation et l'entreposer au congélateur pour la déguster ultérieurement.

Thym-parmesan

20 petits cookies environ

Préparation
15 min

Cuisson
15 min

Ingrédients
150 g de farine
200 g de parmesan
2 c. à c. de levure
2 œufs
80 g de beurre doux
4 c. à s. de thym
1 pincée de sel

Matériel
1 saladier
Papier sulfurisé

- Préchauffez le four à 180 °C.
- Dans un saladier, mélangez tous les ingrédients l'un après l'autre en suivant bien l'ordre. Malaxez pour former une boule de pâte.
- Façonnez des petites boules de pâte de la taille d'une grosse bille. Déposez-les bien espacées sur une feuille de papier cuisson et aplatissez-les légèrement avec la paume de la main.
- Enfournez pour 10 à 15 minutes, jusqu'à ce qu'elles soient bien dorées. Laissez les cookies refroidir quelques minutes avant dégustation.

L'astuce Yummy

Vous pouvez préparer ces petits gâteaux apéro à l'avance et les conserver jusqu'à 10 jours dans une boîte hermétique.

Pesto de basilic

20 petits cookies environ

Préparation
15 min

Cuisson
12 min

Ingrédients
240 g de farine
80 g de parmesan
1 c. à c. de levure chimique
½ c. à c. de sel
1 pincée de poivre
2 œufs
100 g de beurre fondu
6 c. à c. de pesto

Matériel
1 saladier
Papier sulfurisé

- Préchauffez le four à 180 °C.
- Dans un saladier, mélangez la farine, le parmesan, la levure, le sel et le poivre. Ajoutez les œufs, puis le beurre fondu et continuez à mélanger. Incorporez le pesto et finissez de mélanger.
- Formez des petites boules de pâte et aplatissez-les.
- Enfournez pour 10 à 12 minutes. Laissez refroidir avant de déguster.

Apéro réussi garanti avec les amis !

Tartiflette

20 petits cookies environ

Préparation
20 min

Cuisson
10 min

Repos
10 min

Ingrédients
50 g de reblochon
100 g de lardons
150 g de farine
2 c. à c. de levure chimique
½ c. à c .de poivre
noir moulu
Sel
80 g de beurre doux mou
2 œufs

Matériel
1 poêle
1 saladier
Papier sulfurisé

- Préchauffez le four à 200 °C. Coupez le reblochon en tranches fines.
- Dans une poêle, faites revenir les lardons et réservez.
- Dans un saladier, mélangez la farine, la levure et le poivre avec une pincée de sel. Ajoutez ensuite le beurre mou et les œufs. Mélangez à nouveau. Incorporez à cette préparation les lardons, coupés en morceaux si besoin.
- Disposez des petits tas de pâte sur une plaque ou un tapis de cuisson. Recouvrez chaque cookie d'une fine tranche de reblochon.
- Faites cuire au four 10 minutes. Laissez ensuite refroidir une dizaine de minutes avant de déguster.

Passion cookies, passion tartiflette.

Curry-thon-petits pois

20 petits cookies environ

Préparation
20 min

Cuisson
12 min

Ingrédients
200 g de thon à l'huile en boîte
100 g de gruyère râpé
1 œuf
100 g de farine
1 c. à c. de levure chimique
½ c. à c. de curry
50 g de petits pois
Sel, poivre

Matériel
1 saladier
Papier sulfurisé

- Préchauffez le four à 180 °C.
- Émiettez le thon dans un saladier avec son huile. Ajoutez le gruyère râpé et mélangez bien. Incorporez l'œuf, la farine, la levure chimique, du sel, du poivre et le curry. Ajoutez enfin les petits pois.
- Mélangez, puis déposez des petits tas sur une plaque recouverte de papier sulfurisé et enfournez pendant 12 minutes.

Des bouchées à servir avec une sauce au yaourt.

Roquefort-courgette

20 petits cookies environ

Préparation
15 min

Cuisson
15 min

Ingrédients
1 œuf
75 g de beurre en pommade
1 petite courgette
70 g de roquefort
½ c. à c. de sel
130 g de farine T45
½ c. à c. de levure chimique

Matériel
1 saladier
1 fouet
Papier sulfurisé

- Préchauffez le four à 180 °C.
- Battez l'œuf au fouet avec le beurre en pommade dans un saladier et ajoutez la courgette crue râpée en fines lamelles, le roquefort grossièrement émietté et le sel. Mélangez bien pour obtenir une pâte homogène. Ajoutez la farine et la levure.
- Déposez une feuille de papier sulfurisé sur une plaque de cuisson.
- Formez des petites boules de pâte avec vos mains et déposez-les sur la plaque en les disposant en quinconce.
- Enfournez pendant environ 15 minutes en surveillant. Les cookies sont cuits quand ils sont légèrement dorés sur les bords.

Force et douceur dans un seul cookie salé !

Carotte-quinoa

20 cookies environ

Préparation
15 min

Cuisson
15 min

Repos
10 min

Ingrédients
130 g de petits flocons d'avoine
120 g de farine T45
½ c. à c. de bicarbonate de soude
½ c. à c. de levure chimique
½ c. à c. de cannelle
1 pincée de fleur de sel
60 g de quinoa cuit
110 g de carottes râpées
50 g de beurre d'amande
60 g de sirop d'érable
2 œufs
60 g d'huile de coco
100 g de noix
100 g de cranberries

Matériel
1 saladier
1 bol
Film alimentaire
Papier sulfurisé

- Préchauffez le four à 180 °C.
- Dans un mixeur, versez les flocons d'avoine et mixez pour avoir une farine fine.
- Dans un bol, mélangez la farine, le bicarbonate, la levure, la cannelle et la fleur de sel. Ajoutez ensuite le quinoa et les carottes et mélangez bien.
- Dans un autre bol, mettez ensemble le beurre d'amande, le sirop d'érable, les œufs et l'huile de coco. Incorporez cette préparation à l'appareil farine-levure et mélangez à la spatule pour obtenir une pâte homogène. Ajoutez ensuite les noix et les cranberries.
- Façonnez des boules de cookies à la cuillère à glace ou à l'aide de vos mains et déposez-les sur une plaque recouverte de papier sulfurisé. Enfournez pour 15 minutes en surveillant. Laissez ensuite refroidir 10 minutes avant de déguster.

Parfait pour un petit-déjeuner équilibré !

Olives-tomates séchées

20 petits cookies environ

Préparation
15 min

Cuisson
10 min

Repos
10 min

Ingrédients
60 g d'olives noires dénoyautées
100 g de tomates séchées
150 g de farine
2 c. à c. de levure
50 g de parmesan
1 pincée de sel
40 g de beurre doux mou
4 c. à s. d'huile du bocal de tomates séchées
2 œufs

Matériel
1 saladier
Papier sulfurisé

- Préchauffez le four à 200 °C.
- Coupez les olives et les tomates séchées en petits morceaux plus ou moins gros selon vos envies.
- Dans un saladier, mélangez la farine, la levure et le parmesan avec une pincée de sel. Ajoutez ensuite le beurre mou, l'huile et les œufs. Mélangez à nouveau. Incorporez à cette préparation les olives et les tomates séchées coupées.
- Disposez des petits tas de pâte sur une plaque de cuisson recouverte de papier sulfurisé. Faites cuire au four 10 minutes. Laissez ensuite refroidir une dizaine de minutes avant de déguster.

Saveurs du Sud pour l'apéro !

Tomate-ricotta

10 petits sandwichs-cookies environ

Préparation
25 min

Cuisson
10 min

Repos
40 min

Ingrédients

Pâte à cookies
100 g de tomates séchées
150 g de farine
2 c. à c. de levure
50 g de parmesan
1 pincée de sel
40 g de beurre doux
4 c. à s. d'huile du bocal de tomates séchées
2 œufs

Crème de ricotta
Quelques feuilles de basilic
200 g de ricotta
1 c. à s. d'huile d'olive
Sel, poivre

Matériel
1 saladier
Papier sulfurisé
1 bol

- Préchauffez le four à 200 °C.
- Coupez les tomates séchées en petits morceaux plus ou moins gros selon vos envies.
- Dans un saladier, mélangez la farine, la levure et le parmesan avec une pincée de sel. Ajoutez le beurre mou, l'huile et les œufs. Mélangez à nouveau. Incorporez à cette préparation les tomates séchées coupées.
- Disposez des petits tas de pâte sur une plaque de cuisson recouverte de papier sulfurisé. Enfournez pendant 10 minutes. Laissez ensuite refroidir une dizaine de minutes.
- Pendant ce temps, préparez la crème de ricotta : ciselez le basilic puis mélangez-le dans un bol avec la ricotta, l'huile, du sel et du poivre. Laissez reposer au réfrigérateur pendant 30 minutes.
- Fourrez les cookies de crème à la ricotta en les collant deux par deux au moment de servir.

Succès garanti avec cette recette étonnante !

Maxi-cookie au chorizo

1 maxi-cookie apéritif pour 6 personnes

Préparation
15 min

Cuisson
20 min

Ingrédients
50 g de manchego
100 g de chorizo
150 g de farine
2 c. à c. de levure
½ c. à c. de piment d'Espelette
80 g de beurre doux mou
2 œufs

Matériel
1 saladier
Papier sulfurisé

- Préchauffez le four à 180 °C.
- Coupez le manchego et le chorizo en petits morceaux plus ou moins gros selon vos envies.
- Dans un saladier, mélangez la farine, la levure et le piment d'Espelette. Ajoutez le beurre mou et les œufs. Mélangez à nouveau. Incorporez à cette préparation le manchego et le chorizo coupés en petits morceaux.
- Formez une boule entre vos mains et aplatissez-la avec la paume sur une plaque recouverte de papier sulfurisé de manière à obtenir un maxi-cookie de forme harmonieuse.
- Enfournez pendant 15 à 20 minutes en surveillant : le cookie doit commencer à dorer. Laissez ensuite reposer quelques minutes avant de déguster.

La recette la plus conviviale de ce livre !

Table des recettes

© Hachette Livre (Marabout) 2021
58, rue Jean-Bleuzen
92178 Vanves

Mise en pages : Olivier Van Bellinghen
Suivi éditorial : Odile Raoul, Mireille Touret

6011493
ISBN : 978-2-501-16392-7
Dépôt légal : août 2021

Achevé d'imprimé par Estella Graficas en Espagne en juillet 2021.